ÉLOGE FUNÈBRE

DE

M. L'ABBÉ PORTALÈS,

DÉCÉDÉ

CURÉ DE N.-D. DE BONNE-NOUVELLE.

A. M. D. G.

ÉLOGE FUNÈBRE

DE

M. L'ABBÉ JEAN-BRICE PORTALÈS

DÉCÉDÉ

CURÉ DE N.-D. DE BONNE-NOUVELLE, A PARIS,

PRONONCÉ

LE 19 JANVIER 1855, JOUR ANNIVERSAIRE DE SA MORT,
DANS L'ÉGLISE DE N.-D. DE BONNE-NOUVELLE,

Par M. l'Abbé MAITRIAS,

CHANOINE-HONORAIRE DE MOULINS, RÉDACTEUR DES ANNALES DE LA SAINTE ENFANCE.

Quomodo (Deus) non etiam cum illo omnia donavit? ROM. 8. 32.

En nous le donnant, Dieu ne nous a-t-il pas tout donné?

VENDU AU PROFIT DES PAUVRES.

A L'ANGE GARDIEN,

LITHOGRAPHIE FOUQUÉ, PASSAGE DU CAIRE, 49, A PARIS.

—

1855

Imprimerie Appert et Vavasseur, passage du Caire, 54.

ÉLOGE FUNÈBRE

DE

M. L'ABBÉ JEAN-BRICE PORTALÈS,

DÉCÉDÉ

CURÉ DE N.-D. DE BONNE-NOUVELLE, A PARIS,

PRONONCÉ

LE 19 JANVIER 1855, JOUR ANNIVERSAIRE DE SA MORT,
DANS L'ÉGLISE N.-D. DE BONNE-NOUVELLE,

PAR M. L'ABBÉ MAITRIAS,

CHANOINE-HONORAIRE DE MOULINS, RÉDACTEUR DES ANNALES
DE LA SAINTE ENFANCE.

> *Quomodo (Deus) non etiam cum illo
> omnia donavit?*   ROM. 8. 32.
> En nous le donnant, Dieu ne nous
> a-t-il pas tout donné?

Dieu seul est immortel, mes frères. On a beau se faire en ce monde de brillantes illusions que l'on prend pour de solides espérances; se serrer les uns contre les autres dans des amitiés qui n'ont pas à rougir devant les amitiés de Jésus-Christ et de saint Jean; marcher dans le même chemin, comme David et Jonathas, et faire ensemble, dans l'exil, les plus beaux rêves de la patrie, un temps vient où les liens se dénouent et se brisent, un

jour où il faut pleurer sur une séparation doulou-
reuse; et, de tout ce qu'on a tant aimé, il ne reste
qu'un cercueil. Heureux alors, mes frères, celui
dont la vie ne doit pas être cachée comme le cadavre;
heureux celui dont la vie peut, au contraire,
être conservée pour l'exemple de tous et prendre,
dans la mort même, une véritable immortalité!

Telle a été la vie de celui qu'un douloureux
anniversaire ramène aujourd'hui plus présent,
s'il est possible, dans la pensée de votre cœur. Il
était aimé comme on ne le fut jamais davantage;
ainsi que Jésus, il *passait en faisant du bien;* il
semblait que Dieu devait vous le laisser toujours,
car il était, pour ainsi dire, une nécessité de votre
vie; eh bien, non! la mort vous l'a pris, et les
larmes que vous avez versées n'ont pu rendre le
père à ses enfants. Mais il était de ceux dont la
vie n'est qu'une gloire, parce qu'elle est un long
bienfait et une suite de vertus; il ne périra donc
point, et c'est bien pour lui surtout que la mort
devient l'immortalité.

Que puis-je dire de cette vie? Il n'est personne,
chez vous, qui ne la connaisse : personne qui ne

soit fier de la connaitre, personne qui n'ait de la joie et de la douleur à la raconter. Je suis donc réduit à refaire un tableau que vos pieux souvenirs peignent mieux que je ne le peindrais moi-même dans votre âme. Qu'importe? Je parlerai cependant ; je vous dirai, mais en toute simplicité, sans aucune prétention à ce qu'on appelle une oraison funèbre, d'une façon toute chrétienne et en vous priant de vous souvenir du peu de temps qui m'a été donné, je vous dirai que M. l'abbé Portalès vous a tout donné et qu'il s'est donné lui-même.

PREMIÈRE PARTIE.

Je ne remonterai pas, mes frères, jusqu'au berceau de votre bon pasteur (1), je ne vous dirai pas que, baptisé par un prêtre proscrit, presque par un martyr, il donne, dès ses premières années, des signes précurseurs de ce qu'il sera un jour dans la foi et dans la charité; que préludant, pour ainsi dire, au sacerdoce, il réunit autour

(1) Il naquit au Vigan, dans le Gard, en 1794.

d'une chaire et d'un autel d'enfant, je ne dis pas des Augustins ou des Madeleines à convertir, mais un cercle de parents et d'amis qui se font déjà cette question : « Que pensez-vous que doive être cet enfant? » *Quis putas puer iste erit?* Qu'entré au séminaire, il réalise si vite et si bien, par sa piété et son travail, les rêves que l'ambition la plus exagérée aurait pu faire sur lui, qu'à dix-neuf ans on le fait monter dans la chaire savante du professeur; je ne vous dirai pas que si l'on met la main sur son cœur lorsqu'il reçoit l'onction sacerdotale, on y sent toutes les craintes et toutes les joies des saints ; qu'appelé à un préceptorat brillant qui peut lui devenir un facile chemin vers la fortune et peut-être vers la gloire, il ne songe qu'à se protéger contre ces oublis de l'âme auxquels la prospérité expose les plus vigoureuses natures; que devenu, par son choix désintéressé, l'humble aumônier des frères (1), il voit bientôt se ranger autour de lui, pour écouter ses prédications d'apôtre, et l'ouvrier qu'il mora-

____

(1) Les frères du Gros-Caillou, à Paris.

lise, et le soldat qu'il impressionne pour le bien, et le protestant qu'il amène dans la vraie foi. De tout cela je ne veux rien dire. Ce n'est pas encore sa vie, c'est un prélude à sa vie, une carrière d'essai où Dieu le pousse, une école où il le forme, c'est une sorte de noviciat où il prend les lumières, les forces, le zèle, la prudence, l'esprit de dévouement et de sacrifices, tous les éléments qu'il faut à une grande mission de prêtre; il ne doit être complet que chez vous, car c'est pour vous, en définitive, que Dieu l'a fait, pour vous seuls; ici seulement il sera dans la plénitude de sa vie, capable de donner tout ce que Dieu veut qu'il donne; ici seulement il se trouvera riche en conséquence de sa vocation.

C'est ici, en effet, qu'il donne tout; ici qu'il épuise ses richesses d'aumône ou de consolation; ici qu'il ne permet à personne d'échapper à sa charité.

Certes, mes frères, mon embarras est grand, non pas pour trouver mes preuves, mais pour les choisir. Où porterai-je mes regards, que je ne rencontre aussitôt le bon pasteur? Je le trouve même, comme un second ange gardien, auprès du berceau des nouveaux nés; sa charité est allée prendre l'existence humaine jusqu'à sa source. Ah! c'est qu'il a vu de pauvres mères, contraintes par les nécessités d'un travail de toutes les heures, de jeter le plus doux trésor de leur vie entre des mains étrangères que Dieu n'a pas plus destinées à l'éducation de leur enfant, qu'il n'avait destiné Agar à l'éducation d'Isaac. A ses yeux, c'est un malheur dans une cruauté; car c'est empêcher de se nouer ces liens de famille que tant de doctrines criminelles tendent à briser aujourd'hui! Que fera-t-il donc? Père compâtissant qui ne veut pas que *Rachel pleure sur ses enfants* avant qu'ils *ne soient plus*, il diminue, de quelques pièces d'or, ce trésor où il puise toujours comme s'il était inépuisable; il les divise, ces pièces d'or, tous les mois, comme compensation au travail perdu, entre celles qui ne reculent pas, en nourrissant elles-mêmes leur enfant, devant la charge la plus sacrée de la maternité; et il permet ainsi à l'enfant de voir des sourires, d'entendre une voix, de sentir un cœur que nul autre cœur,

nulle autre voix, nul autre sourire ne remplace,
car il l'empêche de devenir, pendant cinq ans
peut-être, le plus à plaindre des orphelins, celui
qui a une mère et n'est plus bercé dans ses bras.
Voulez-vous maintenant que, du berceau de
l'enfant, je vous conduise au lit du malade; que
je vous dise que votre pasteur y emmène avec
lui la Foi et l'Espérance qu'il sut toujours si bien
associer à la Charité; qu'appuyé sur ces trois
puissances divines, il ne trouve presque jamais
une conscience qui refuse de s'ouvrir au repentir
et de s'épancher dans un de ces aveux qui sont
autant la confidence d'un ami que la confession
d'un pécheur; qu'au-dessus du sombre tableau
de famille où apparaissent un ami en larmes, une
épouse au désespoir, et un enfant à demi orphe-
lin, il sait peindre un tableau du ciel si séducteur,
que le moribond se résigne toujours chrétienne-
ment à mourir, et montre quelquefois toute la
joie d'un exilé qui va rentrer dans sa patrie?
Vous dirai-je cela? Mais à quoi bon? Ce sont des
scènes que vous avez vues cent fois, car cent fois
elles se sont renouvelées, aussi bien dans une

obscure mansarde que dans un appartement tendu de velours ; et à chaque fois vous vous êtes dit : « Qu'il fait bon mourir quand il est là ; on « ne croit réellement que s'endormir ! »

Or, ces âmes moribondes qui ont si grand besoin d'être consolées ou guéries, il les poursuivait dans la contagion même. Qui ne l'a vu, au milieu des victimes de ce mal mystérieux devant lequel, par trois fois dans un quart de siècle, la science déconcertée a dû fermer ses livres inutiles ? Etait-ce un homme, ou était-ce un ange ? C'était Belzunce, c'était Charles Borromée ; infatigable comme eux ; comme eux défiant le fléau. Le père pouvait-il laisser partir seul le moindre de ses enfants ? Non. Il veut, à tout prix, se relever avec des espérances, d'auprès de ce corps en dissolution avant même d'être un cadavre ; et s'il ne peut pas essuyer toutes les larmes de la famille, parce qu'il pleure lui-même, il dit à tous comme Saint-Paul : « Consolez-vous les uns les autres, *conso-* « *lamini invicem ;* nous avons sauvé la meilleure « partie de celui que vous pleurez, nous avons « sauvé son âme, et cette âme se réjouit mainte-

« nant, au sein de Dieu, de se trouver immor-
« telle ! »

Mais il ne faut pas seulement consoler ceux qui
partent ; il faut, mes frères, soulager ceux qui
restent quand ils ont faim. De ceux-là, qui en eut
plus que votre pasteur, dans l'immense famille
que lui donna la Providence ? En sera-t-il effrayé ?
Se contentera-t-il de tressaillir en son âme, de
plaindre leur malheur, et de dire comme tant
d'autres : « Fermons les yeux sur ces plaies ; elles
« sont incurables, parce qu'il n'y aura jamais
« assez de mains pour les panser ? » Non, mes
frères. Trempé comme fut trempé Vincent-de-
Paul, ce n'est pas sur le temps qu'il compte pour
faire disparaître un obstacle qui gêne sa charité,
c'est sur une sainte audace. A la philanthropie de
procéder par calculs ; à la charité de passer immé-
diatement du projet à l'action ; on commence : Dieu
se charge d'achever. C'est à cette hardiesse qui,
après tout, n'est que beaucoup de foi en celui qui
a promis au lis des campagnes son vêtement, au
passereau des toits son grain de blé pour chaque
jour, c'est à cette hardiesse qu'est due l'*Œuvre*

du Pain, œuvre qui mérite d'être immortelle comme le nom de celui qui l'a créée. Ah ! lorsque pour la donner à cette paroisse, il ouvrit son âme et ses mains, qui sait, mes frères, si sa confiance eut des échos partout ! Toutes les bourses se délièrent sans doute, car on ne savait rien refuser au solliciteur ; mais n'eut-on pas les défiances des apôtres dans le désert et ne dit-on pas comme eux : « *Quid hoc inter tantos ?* qu'est-ce que cela « pour une semblable multitude, et faudra-t-il « même deux ans pour que la bienfaisance s'é- « puise?... » Eh bien ! hommes de peu de foi, la bienfaisance ne s'est pas épuisée ; et si, après chacune de ces multiplications miraculeuses, il n'y a pas toujours eu des *restes* à recueillir, il y a toujours eu assez de pain pour ceux qui venaient en chercher ; chacun, en partant, a pu bénir une fois de plus la Providence, et la bénir de ce que, pour donner, elle avait pris une si digne main. Oui, pendant plus de vingt ans, les portes de ce sanctuaire se sont ouvertes devant 300 pauvres qui apportaient, avec leurs angoisses, les angoisses de toute une famille ; chaque semaine, du haut de cette chaire ; en face de cet autel que rougissait le sang du sacrifice, ces pauvres, avant d'emporter leur pain, se nourrissaient de la sainte parole ; ils apprenaient, dans une langue que personne ne parla mieux que leur bienfaiteur, je ne dis pas leurs droits, mais leurs devoirs ; ils touchaient à la crèche dont pas un des berceaux de leurs enfants n'égala l'indigence ; ils touchaient à la Croix qui fut le lit d'un Dieu et sur lequel tout homme, riche ou pauvre, doit être couché, sous peine de manquer d'une ressemblance indispensable avec Jésus-Christ ; et réconciliés avec la pauvreté par la vue de cette croix et de cette crèche, ils se réconciliaient avec la vie, en attendant les jours meilleurs qui suivront cet exil. Que dis-je? Ils se réconciliaient avec les hommes, car ils avaient en face d'eux presque tous leurs bienfaiteurs. Touchante réunion, où le riche et le pauvre fraternisent dans la meilleure des doctrines, celle de la charité! Ils se voient, ils se touchent, ils finissent par s'estimer et par s'aimer, car un jour vient où, malgré la différence des costumes, ils se reconnaissent pour des frères, et, se donnant la main, le pauvre dit au riche : *J'adore en vous la Providence*, et le riche dit au pauvre : *J'adore en vous Jésus-Christ*. Voilà le double avantage de l'*Œuvre du Pain* : Bienfaisance et Fraternité.

Or, ne croyez pas, mes frères, que le bon pasteur s'en tint à ces distributions solennelles. Des mains comme celles-là ne peuvent s'empêcher de donner partout. Pour savoir dans quelle mesure, il faudrait l'avoir suivi dans ses courses solitaires à travers vos rues étroites et sombres ; il faudrait pouvoir interroger toutes les mansardes, tous les réduits, et encore ne nous répondraient-ils pas, car la modestie du donateur leur a imposé une discrétion dont sa mort même ne semble pas les avoir déliés. Heureusement tous les secrets ne sont point là !... Impuissant à tout faire par lui-même, malgré une activité prodigieuse, votre pasteur s'était donné des complices dans la conjuration du bien. Vous les avez devinés, n'est-ce pas ? C'étaient ces anges à forme humaine qui ne peuvent se sauver de l'admiration universelle, malgré toute leur modestie, c'étaient les sœurs de charité... O vous donc, si dignes de le comprendre, si dignes de le servir, filles de Vincent-de-Paul, dites-nous où vous êtes allées pour lui ; ou plutôt, dites-nous où vous n'êtes point allées ! Comptez devant nous, si vos souvenirs le peuvent encore, cet or et cet argent qu'il a glissés furtivement dans votre bourse et qu'il vous a chargées de répandre au nom de Jésus-Christ!... Ah! vous ne le pourriez pas ; mais vous savez que tout est arrivé, sous une forme ou sous l'autre, vers les malheureux ; vous savez que l'un n'a plus tremblé à l'approche de terribles échéances, que l'autre a pu ajouter à son pain une nourriture plus substantielle, et l'autre réchauffer, à la flamme d'un foyer, des membres épuisés ou un sang appauvri ; car le bon pasteur a su donner à sa charité de telles délicatesses que la tendresse même d'une mère ne les surpasserait pas! Il traitait royalement les pauvres, parce que sous leurs haillons, il découvrait toujours et vénérait Jésus-Christ.

C'est sans doute Jésus-Christ qu'il voulait vêtir en eux lorsqu'il fonda l'*OEuvre de la Lingerie;* vous voyez que je ne dissimule aucun des mots auxquels il a donné la noblesse et l'immortalité ! l'OEuvre de la lingerie ! que de bénédictions elle lui a values dans ce monde ! que de gloire elle lui vaut dans le ciel ! Qu'il y a de respect pour le corps de l'homme, ce corps que le baptême a touché pour le marquer d'un sceau ineffaçable, ce corps que l'Esprit-Saint a pénétré de ses influences divines ; ce corps que Jésus-Christ a teint de sang eucharistique, ce corps enfin que les dissolutions du sépulcre ne pourront empêcher de devenir immortel !.. En vérité, cet homme n'a rien oublié ; et plus j'étudie ses œuvres, plus je me demande où il a trouvé du temps pour les concevoir et des ressources pour les réaliser.

Cependant ce n'est pas tout, mes frères. Il y a d'autres misères que celles de l'indigence ; il faut bien que votre pasteur les atteigne. Il ne sait pas une brebis perdue en Israël qu'il ne la poursuive, qu'il ne lui montre le bercail, qu'il n'essaie de la conduire sous la houlette du souverain pasteur Jésus. Ah! toutes ne le suivirent pas ; mais il les appela toutes. Oui, toutes, même celles que la lèpre semblait devoir toujours tenir le plus loin de lui. Appel héroïque que le Dieu de la pécheresse de l'Evangile ne lui reprochera pas! Vous savez qu'il ne put les guérir ; mais il s'en vengea. Il s'en vengea par l'*OEuvre des Vieillards*. Quelle glorieuse substitution ! Dans cette *maison* trop longtemps sacrilége qui touchait presque au sanctuaire où veillent les chastes anges du Seigneur, il fait succéder aux plus brillantes illusions de la vie les réalités les plus tristes ; aux roses, les épines ; au plaisir, la souffrance ; au scandale, la vertu ; au péché, l'expiation. Il peut enfin entrer le front levé dans la maison de son Dieu ; les filles de Madian qui le faisaient rougir ont cédé la place à dix-huit vieillards qui le bénissent de pouvoir vivre et mourir en paix sous le toit sanctifié de cet hospice inconnu et peut-être illégal.

Vous le comprenez, mes frères ; il faut que je m'arrête. Est-ce que je puis suivre, dans chacune de ses œuvres, cet homme qui avait aussi bien des sollicitudes prévoyantes pour le moindre des enfants de sa grande famille que des bénédictions de préférence pour le mariage des pauvres; cet homme qui voulait que les morts même dans le sépulcre se ressentissent du contact de sa charité (1) ; cet homme qui mettait dans sa bienfaisance autant de tendresse que de modestie, et semblait y chercher moins un devoir qu'un plaisir? Non, je ne le puis pas. D'ailleurs, il me semble par cette courte analyse, vous l'avoir montré touchant à tout ce qui pouvait appeler un secours ou une consolation.

Où puisa-t-il ses ressources? Je l'ignore; mais il en eut d'immenses; et Dieu lui fit de ces *surprises* qui peuvent bien nous laisser croire que, plus d'une fois, il envoya vers lui, avec des dons mystérieux, les anges même de sa providence. Quoiqu'il en soit, il ne garda rien pour lui ; et au milieu de ces richesses qui roulaient comme un

(1) Un jour qu'il visitait le caveau de sa famille, au cimetière du Père-Lachaise, il aperçut une tombe tout à fait délaissée. « Hélas! dit-il, ce malheureux n'a plus d'amis, il « faut qu'il se trouve bien de mon futur voisinage. » Il fit réparer la tombe qui fut, depuis, soigneusement entretenue.

torrent sous ses yeux, il fut le plus désintéressé des hommes et un vrai pauvre volontaire.

Qu'importe, mes frères, qu'il se soit épuisé en donnant! Il lui reste quelque chose de meilleur à donner : *c'est lui-même*.

SECONDE PARTIE.

La bienfaisance est quelquefois toute matérielle. On est riche; on donne de sa richesse, voilà tout; mais on ne donne rien de soi : on se garde tout entier, esprit et cœur, pour l'ambition ou pour le plaisir. Ce peut être de la générosité, ce n'est pas le sacrifice; ce peut être l'aumône avec sa gloire devant les hommes, ce n'est pas la charité avec ses mérites devant Dieu.

Tel ne fut point votre pasteur, mes frères; en donnant tout, il se donnait lui-même.

Il vous a donné sa pensée. A quelle heure du jour ou même de la nuit, n'étiez-vous pas sa préoccupation? Vous étiez sa préoccupation dans cette prière de tous les instants à laquelle ne manquaient ni la foi d'un apôtre ni la ferveur d'un séraphin. Vous étiez sa préoccupation à cet autel où la sainte Victime passait, de ses doigts, dans son âme pour y renouveler l'esprit d'immolation, l'amour de Dieu et du prochain. Vous étiez sa préoccupation dans cette chaire dont les enseignements, lait pour les enfants, pain substantiel pour les forts, manne délicieuse pour tous, nourrissaient aussi bien le cœur que l'esprit. Il vous gardait dans sa pensée, riches dont les largesses lui faisaient ce lourd budget qu'il dépensait si vite et si bien dans les vastes domaines de sa charité. Il vous gardait dans sa pensée, pauvres qui fûtes la vraie passion de sa vie et pour lesquels il se serait volontiers cloué sur une croix. Il vous gardait dans sa pensée, justes desquels il se glorifiait devant le Seigneur, et dont les mérites montaient avec les siens comme une prière et redescendaient comme une bénédiction. Il vous gardait enfin dans sa pensée, pécheurs qui lui donniez de ces tristesses d'âme qu'avait Jésus dans le jardin de Gethsémani, et pour la conversion desquels il se serait, comme saint Paul, *fait anathème.* Il vous y gardait tous, non pas à l'état de simple souvenir, mais comme des personnalités vivantes dont il savait tous les noms et sentait toutes les douleurs.

Il vous a donné son temps. Ne vous est-il pas arrivé quelquefois de vous glisser, le matin, dans cet étroit sanctuaire? Vous pensiez peut-être n'y rencontrer que les anges adorateurs de l'autel, et cette petite lampe qui s'éteint moins souvent que notre amour. Vous y trouviez une lampe plus ardente, un ange aussi fidèle; vous y trouviez votre pasteur. Ne pouvait-on pas dire qu'il s'était immobilisé là; que le temple était sa maison, qu'il en était lui-même une des statues, l'une des colonnes, ou plutôt l'âme et la vie? Oui, on pouvait le dire. Et qui donc attend-il? Les pauvres qui, dès le matin, ont besoin de voir et de toucher le meilleur des consolateurs, Jésus. Il attend les âmes que lui conduit le remords; et alors il s'immobilise réellement dans ce tribunal de miséricorde où sa direction prudente et consolatrice appelait tant de pécheurs. Le remords qui s'accuse ou l'infortune qui se plaint n'y fatigue jamais sa patiente bonté; et si, un instant, fugitif involontaire, il va rompre son pain sur une table plus que frugale, s'il court au chevet d'un malade, s'il donne quelques minutes à ces études saintes, qu'un Père de l'Église appelle : Le bouclier du cœur, *clipeus cordis*, voyez-vous comme il se hâte de revenir? On dirait qu'il a besoin de faire restitution, et bien vite et à tous, d'un temps qui n'est après tout que le sien, et de se faire au moins pardonner, à force de sourires bienveillants et d'humilité, une absence qui n'a été qu'une bonne œuvre de plus.

Est-il nécessaire maintenant de vous dire qu'il vous a donné son cœur? Mais qui de vous ne l'a pas vu s'ouvrir? Qui ne l'a pas senti? Qui ne l'a pas touché? Son cœur, il parle dans ses œuvres; son cœur, il dirige chacun de ses pas; son cœur, il est sa force comme son inspiration, et je croirais calomnier votre mémoire, par conséquent votre reconnaissance, si j'employais une minute de plus à vous affirmer qu'il vous a donné son cœur.

Or, mes frères, précisément, en vous donnant tout cela, son cœur, son temps, sa pensée, il vous a donné sa vie. On ne reste pas dans une immolation de trente ans, avec une nature délicate, sensible, généreuse, sans user un organisme qui n'a que des forces limitées. On se détériore lentement, on s'amoindrit fibre par fibre, on se fait infailliblement mourir. Regardez si ce n'est pas vrai. Trois fois le cœur du pasteur éclate dans une émotion, au confessionnal, en chaire, à la porte d'un malade qui va mourir sans Dieu ; et aussitôt la pensée s'égare, elle se paralyse pour toujours.... Glorieuse paralysie qui prouve seulement la générosité de la victime dans sa perpétuelle immolation de trente ans! Oh! vous ne savez rien de cette vie mystérieuse de quarante-cinq jours. Les hommes n'ont plus à écouter des paroles qu'ils ne peuvent plus comprendre ; mais les anges les écoutent encore parce qu'elles parlent de bonnes et saintes choses dans une langue dont les phrases ne sont point d'ici bas. Les hommes ont perdu le chemin qui les conduisait jusqu'à cette âme ; mais Dieu le connaît ce chemin, et il vient lui faire de ces confidences intimes qui avancent pour lui les intimités du ciel et dont on ne peut avoir un avant-goût qu'au pied des autels dans les enivrantes ferveurs d'une communion. Je le répète, vous ne savez rien de cet état mystérieux qui n'est ni la vie ni la mort; mais c'est Dieu, oui, c'est Dieu qui l'a ménagé à ce prêtre, dès que ce prêtre a pu dire comme saint Paul : « J'ai fini ma course; il ne me reste qu'à « recevoir la couronne que le juste Juge me ré- « serve, *cursum consummavi*. » Vous lui aviez pris tout son temps pendant la vie; il fallait bien que Dieu lui fît une réserve, puis une restitution, afin qu'il se recueillît un peu dans la solitude de son âme, et encore afin que, en dehors de tout bruit du monde, il parlât cœur à cœur de vous, mais cette fois sans vous; de sorte, mes frères, que, au moment même où vous le contemplez avec étonnement sur cette couche de lente agonie, le moindre d'entre vous peut et doit dire : « C'est moi « qui l'ai immolé, car chacun de mes chagrins a « été son chagrin, chacune de mes douleurs, sa « douleur. » Et si vous êtes un pécheur, vous pouvez et devez dire avec un double remords : « Je l'ai immolé, car ses angoisses paternelles « pour mon salut ont, plus que toute autre chose,

« fait des ravages en lui. » ... Pleurez donc,
pleurez ; priez, fatiguez vos pas dans de saints
pélerinages, versez l'or à pleines mains ; tout est
inutile ! la vie ne peut se prolonger là où, chacun
pour votre part, vous l'avez épuisée. Votre pasteur est votre victime, mais une victime qui,
comme Jésus-Christ, pardonne à ses immolateurs
et les aime, car c'est volontairement qu'il s'est
immolé, *oblatus est quia voluit.*

Il est donc mort !... J'en crois ces enfants qui
crient au-dessus de son cercueil : « Et qui maintenant nourrira donc les pauvres ? » j'en crois ces
prêtres qui psalmodient, en fondant en larmes,
des prières funèbres sur le père qu'ils n'ont plus :
j'en crois ces pauvres qui sanglottent et qui mour-
raient peut-être dans leur désespoir, s'ils n'aper-
cevaient déjà, derrière le mort, le pasteur qui lui
succèdera (1) ; j'en crois cette population qui
passe muette et triste devant ces yeux éteints,
cette bouche fermée et ces mains immobiles ; j'en
crois ces funérailles qui sont tout à la fois un

(1) M. l'abbé Bernier, ancien premier vicaire de Saint Roch.

deuil public et un triomphe ; j'en crois la ville
toute entière qui, malgré ses préoccupations d'argent et de plaisir, s'arrête un instant pour entendre raconter des vertus qui n'honorent plus
qu'un défunt chéri ; il est bien mort. .

Il est mort?.. Non, mes frères ; il se ranime de
nouveau, il va revivre. Il n'a pu supporter une
séparation même matérielle ; et le voilà se donnant
à perpétuité dans la meilleure partie de lui ;
puisque, aujourd'hui même, il vous rend son
cœur (1). Ah ! ce cœur, quand vous ne l'auriez
pas embaumé, les seules vertus qui y séjournèrent
et que je n'ai pas même le temps de nommer,
l'auraient embaumé d'elles-mêmes ; la vie si pleine
que vous y vîtes circuler aurait suffi pour le sauver
d'une mort totale ! Quoi qu'il en soit, il vous le
laisse maintenant tout entier, ce cœur, prolon-
geant ainsi son amour dans le domaine même où
naturellement tout amour finit. Et dans la crainte
que vous en doutiez, il a donné la survivance de la

(1) On transportait, ce jour là, le cœur de M. Portalès
dans la chapelle des catéchismes, auprès de celui d'un de ses
prédécesseurs, M. de Cany.

bienfaisance et des vertus qui l'enrichirent à celui qui lui succède chez vous ; de sorte que vous avez dans ce sanctuaire deux cœurs tout à vous, ici le cœur mort, et là le cœur vivant. Que dis-je? ils vivent tous les deux, et celui-là même qui est froid a conservé la puissance de vous sentir et de vous aimer.

Allez donc, ô noble cœur, prendre votre place auprès de celui de vos vénérables prédécesseurs qui fut peut-être votre inspiration. Unis pendant la vie, une pieuse idée a voulu qu'on vous réunît dans la mort! Allez prendre votre place dans cette chapelle où celui qui vous porta dans sa poitrine, redit tant de fois, dans la naïve langue des enfants, les enseignements chrétiens. Surveillez, de là, cette famille que vous aimâtes et par laquelle vous fûtes tant aimé! Ouvrez-vous, ouvrez-vous à toutes les douleurs qui ont chez vous des habitudes de trente ans. Ne repoussez personne, pas même le pécheur. Que ce soit même le mieux accueilli, comme autrefois! que tous, les uns par une conversion sincère, les autres par la persévérance, vous fassent une restitution digne de vous pour tout ce que vous leur avez donné!

Voilà, mes frères, comment vous a tout donné et s'est donné lui-même celui que vous pleurez et que vous ne devriez que prier. L'admiration et la vénération publiques voulaient imposer son nom à l'une de vos rues. Il ne le fallait pas ! Non, ce n'est pas en ce monde et sur des pierres que son nom doit être écrit ! Ce n'est même pas sur le marbre, comme le nom de ces héros dont la gloire ensanglante les peuples et se fait un piédestal avec des ruines ; il ne doit être écrit que sur des cœurs d'or, sur les vôtres, mes frères, qui forcément, dans le contact, avez pris quelque chose du sien. Montrez donc que ce nom vénéré est réellement gravé sur vos cœurs, en brûlant de sa charité, en ne laissant périr aucune de ses œuvres. Ah ! il en est une, entre toutes, qui lui fut chère : c'est l'*Œuvre du Pain*, pour laquelle, dans un instant, des mains pieuses vont ouvrir devant vous la bourse de la charité. De grâce ! donnez ! donnez aujourd'hui ; donnez toujours ! Que chaque vendredi, jour commémoratif de celui où Jésus-Christ nous fit, du haut de sa croix, la sanglante aumône de la rédemption ; que chaque vendredi, ce morceau de pain, traditionnel maintenant, soit fait à chacun de ces pauvres que vous devez regarder comme étant de votre famille, puisqu'ils furent de la famille de votre père! Que pas un s'en aille sans l'avoir reçu et sans vous bénir! Cette générosité, que je pourrais appeler filiale, mais que je n'appellerai que fraternelle, fera comme tressaillir le noble mort dans sa glorieuse tombe. Son cœur, ici même, en sentira le contre-coup, et s'ouvrant plus large s'il est possible, il fera sortir pour vous une nouvelle prière. Il vous remerciera, lui que vous avez tant à remercier! et, plus tard, disciples intelligents de sa charité, vous irez le rejoindre dans cette *demeure permanente* où l'on ne pleure plus sur de douloureuses séparations, mais où l'on s'aime éternellement en Jésus-Christ et par Jésus-Christ, le Prêtre des prêtres et le Pasteur des pasteurs qui s'immolent pour leur troupeau.

AINSI SOIT-IL!

Typ. Appert & Vavasseur, pass. du Caire, 54.